Clara Lidström und Annakarin Nyberg

LASS UNS WAS PFLANZEN

Schritt für Schritt

Mit Illustrationen von Katy Kimbell & Li Söderberg
Übersetzt von Wiebke Ankersen

Inhalt

Tipps und noch mehr..............9

Kopftöpfe..................10

Sonnenblumen................14

Vogelfutter..................18

Bohnen & Bohnenspiel...........23

Hasenköttel..................26

Geranien & Unkraut............31

Knoblauch & Käse..............34

Kartoffeln im Eimer............38

Tomaten & Namensteine..........43

Die Speisekammer der Natur......47

Nachwort für Erwachsene.........53

Tipps und noch mehr

Wenn du alles magst, was wächst und sprießt, dann ist das hier ein Buch für dich. Es enthält jede Menge tolle Pflanzideen, die du ganz alleine verwirklichen kannst! LASS UNS WAS PFLANZEN ist kein Buch für Erwachsene, die sollen sich sogar fernhalten, soweit es geht. Bis du ein scharfes Werkzeug benutzen musst oder etwas anderes tust, bei dem man ihre Hilfe einfach gut gebrauchen kann. Die Pflanztipps und Basteleien im Buch sind nur Vorschläge – bestimmt fällt dir dabei noch etwas viel Besseres ein. Mit etwas Erde, Wasser und Samen kannst du ziemlich viel Spannendes anstellen…

KOPFTÖPFE

Lustige Leute mit essbaren Haaren kannst du machen, indem du Töpfe mit Gesichtern bemalst und dann Kresse oder Sonnenblumen in ihnen pflanzt. Und wenn du Gras säst, kannst du den Leuten die schärfsten Frisuren schneiden!

DAS BRAUCHST DU:

- Topf
- Hobbyfarben
- Pinsel
- Bleistift
- Erde
- Samen, zum Beispiel Kresse-, Sonnenblumen- oder Grassamen
- Topfuntersetzer

Um zu fühlen, ob die Erde die richtige Feuchtigkeit hat, kannst du den Finger hineinstecken. Wenn du ihn wieder herausziehst und keine Erde an ihm klebt, musst du gießen. Wenn der Finger ganz erdig ist, kannst du noch einen oder zwei Tage mit dem Gießen warten.

SO GEHT'S:

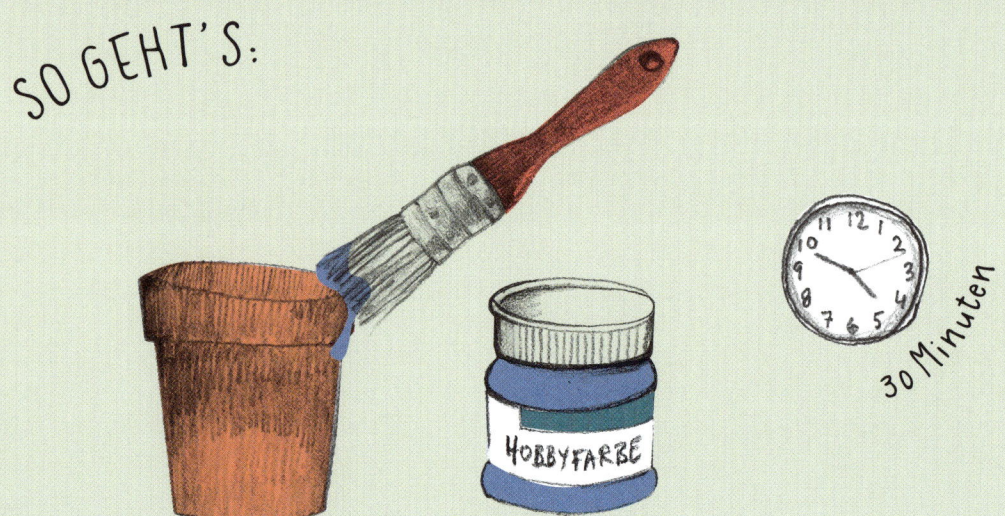

1 Male den Topf in einer Farbe an, die dir gefällt. Lass die Farbe 30 Minuten trocknen.

2 Zeichne mit dem Bleistift ein Gesicht auf den Topf.

3 Male dann die Bleistiftzeichnung mit Pinsel und Farbe nach. Lass die Farbe trocknen.

4 Füll den Topf mit Erde und streue dann Samen auf die Erde.

5 Stell den Topf auf einen Untersetzer und platziere ihn an einem hellen Fenster. Gib ihm soviel Wasser, dass die Samen befeuchtet werden. Sieh jeden Tag nach dem Topf. Die Erde darf nicht austrocknen.

6 Nach einigen Tagen sind kleine Halme oder grüne Blätter zu sehen und bald bilden sie einen grünen Haarschopf. Wenn du Kresse oder Sonnenblumen gepflanzt hast, kannst du jetzt diese Haare frisieren und das Abgeschnittene auf dein Frühstücksbrötchen legen!

SONNENBLUMEN

Sonnenblumen können superhoch werden. Die größte Sonnenblume der Welt wurde von einem Holländer gepflanzt, sie wurde mehr als sieben Meter hoch. Das ist höher als ein Haus! Wie groß wird deine Sonnenblume?

DAS BRAUCHST DU:

Topf
Erde
Untersetzer
Sonnenblumensamen
Stock als Stütze
Schnur

Wenn du willst, dass deine Sonnenblume richtig hoch wird, kannst du sie mit Goldwasser gießen. Mische 100 Milliliter Pipi mit 900 Milliliter Wasser. Sonnenblumen mögen Goldwasser ganz besonders.

SO GEHT'S:

1 Nimm einen Topf, füll ihn mit Erde und stell ihn auf einen Untersetzer.

2 Stecke einen Sonnenblumensamen einige Zentimeter tief in die Erde.

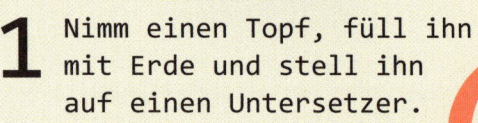

3 Gieß die Erde gründlich und stell den Topf an ein Fenster.

4 Nach einer guten Woche zeigt sich ein Keimling. Stell den Topf an ein helles und kühles Fenster.

5 Wenn die Sonnenblume 15 Zentimeter groß ist, braucht sie eine Stütze, an die sie sich anlehnen kann. Stecke einen Stock in den Topf und binde ein Stück Schnur um Pflanze und Stock.
Je größer die Sonnenblume wird, desto längere Stöcke brauchst du.

6 Nach ungefähr 8 Wochen ist aus dem Sonnenblumensamen eine richtig schöne Pflanze geworden.

7 Pflanze die Blume in einen größeren Topf oder in ein Freiluftbeet. Dann wird sie noch größer. Vergiss nicht, sie zu gießen, sobald die Erde sich trocken anfühlt.

Mit ein wenig Dünger und viel Sonne kann die Sonnenblume richtig groß werden.

VOGELFUTTER

Wenn deine Sonnenblume verblüht ist, kannst du die Samen aufheben und im nächsten Jahr neue Sonnenblumen pflanzen. Oder du nimmst sie, um Futter für Vögel herzustellen. Wir zeigen dir, wie das geht!

DAS BRAUCHST DU:

- 500 Gramm Kokosfett
- Kochtopf
- Plastikbecher oder Kaffeetassen
- 650 Gramm Samen und unterschiedliche Nüsse
- Messer
- Schere
- Schnur
- Stifte

Weißt du, was eine Samenbombe ist? Na, das sind kleine Bällchen aus Erde und Samenkörnern, die man auf brachliegende Flächen oder an andere traurige Orte werfen kann, die ein bisschen mit Blumen aufgeheitert werden sollten! Probier es doch mal mit einer eigenen Samenbombe!

SO GEHT'S:

1 Bitte einen Erwachsenen, dass er dir hilft, das Kokosfett zu schmelzen. Lass es auf kleiner Flamme flüssig werden, damit das Fett nicht spritzt.

2 Gieß das Fett in die Tassen.

3 Hacke die Nüsse mit einem Messer. Bitte dabei einen Erwachsenen um Hilfe.

4 Vermische die Nüsse mit den Samenkörnern und gib sie in das Kokosfett.

5 Nimm Schere und Schnur. Schneide einige Stückchen Schnur ab. Sie sollten mindestens 30 Zentimeter lang sein.

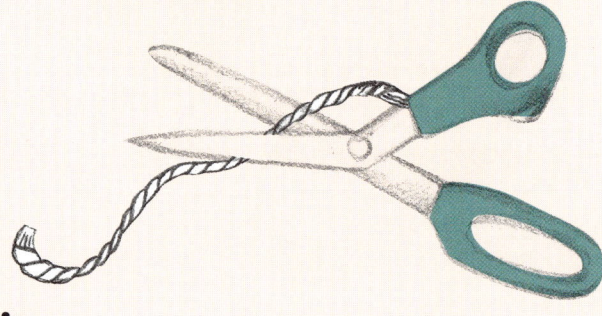

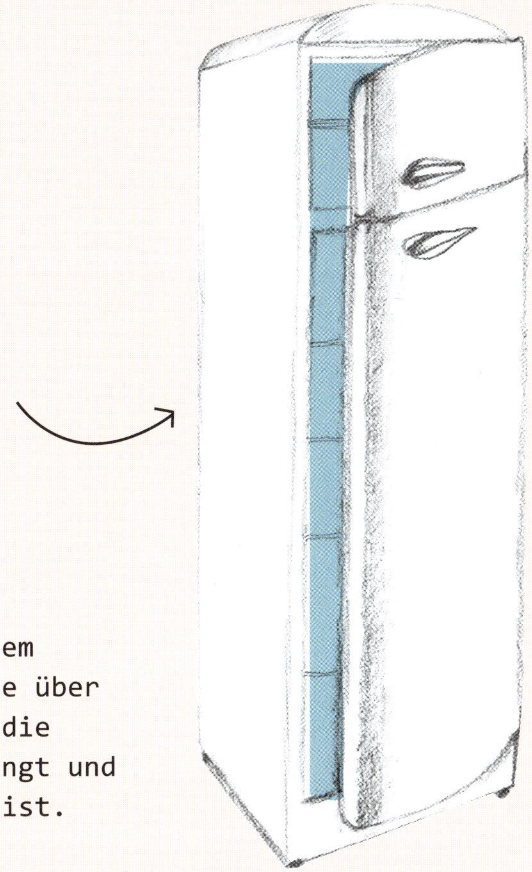

6 Knote jedes Stück Schnur an einem Stift fest. Lege dann die Stifte über die Tassen. Achte darauf, dass die Schnur richtig ins Kokosfett hängt und dass sie ungefähr in der Mitte ist.

7 Stell das Vogelfutter in den Kühlschrank und lass es dort mindestens eine Stunde abkühlen. Nimm dann die Fettklumpen aus den Tassen, hänge sie in die Bäume und lade die Vögel zu einem Festschmaus ein!

Apfelkranz

Wir haben auch einige Äpfel auf einen Draht gespießt und als Kranz in einem Baum aufgehängt.
Vögel lieben Äpfel. Fällt dir noch mehr ein, womit man die Vögel füttern könnte?

Wenn du willst, kannst du einen Bohnenwettbewerb veranstalten. Lege dazu unterschiedliche Bohnen auf nasse Watte und beobachte, welche Bohne am schnellsten wächst.

BOHNEN & BOHNENSPIEL

Bohnen wachsen schnell und es gibt viele unterschiedliche Sorten zur Auswahl. Wachsbohnen, Brechbohnen oder Bohnen mit schönen Blüten! Wir haben große weiße Ackerbohnen genommen, die wir im Lebensmittelgeschäft gekauft haben. Aus den Bohnen, die übrig waren, haben wir ein Spiel gemacht.

DAS BRAUCHST DU:

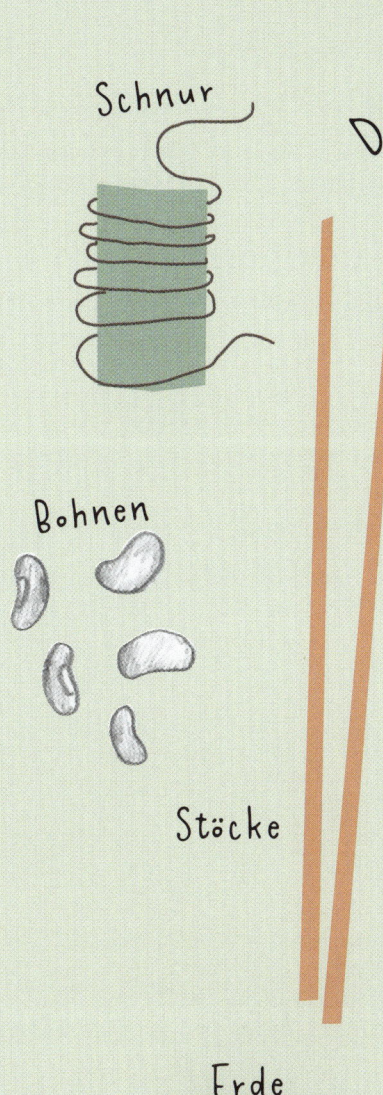

BOHNEN:

Watte

Getrocknete Bohnen

Topf oder ein anderes Pflanzgefäß

Untersetzer für den Topf

Erde

Stöcke

Schnur

BOHNENSPIEL:

Ein Stück Brett oder Karton

Farbstifte

Getrocknete Bohnen

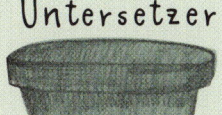

SO GEHT'S: BOHNEN

1 Lege Watte in einen Topf oder ein anderes Gefäß. Befeuchte die Watte mit Wasser.

2 Platziere die Bohnen auf der Watte. Stell den Topf mit Untersetzer an ein helles Fenster. Es ist wichtig, dass die Watte nie austrocknet. Du darfst aber auch nicht zu viel gießen, denn dann fangen die Bohnen an zu schimmeln.

3 Bald wachsen kleine Blätter, dann müssen die Bohnen in Töpfe mit Erde umgepflanzt werden. Gieße sie regelmäßig! Wenn die Bohnenpflanzen 15 Zentimeter hoch gewachsen sind, brauchen sie eine Stütze. Steck einen Stock in den Topf und binde vorsichtig ein Stück Schnur um Pflanze und Stock.

4 Sobald es draußen wärmer geworden und die Erde nicht mehr so kalt ist, kannst du deine Bohnen nach draußen pflanzen. Wenn du keinen Garten hast, kannst du die Bohnen in größere Töpfe mit mehr Erde umpflanzen.

SO GEHT'S: BOHNENSPIEL (DREI GEWINNT)

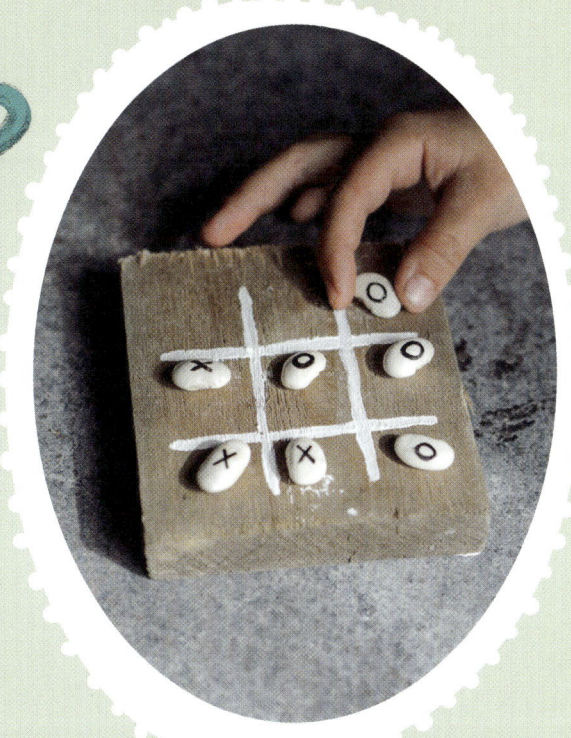

1 Du brauchst etwas Stabiles, auf das du den Spielplan aufzeichnen kannst. Wir haben ein Stück von einem Brett abgesägt. Du kannst aber auch ein Stück Karton zuschneiden.

2 Zeichne 9 Spielfelder auf das Brett oder auf den Karton.

Die Spieler setzen abwechselnd ihre Bohnen auf ein freies Feld. Wer zuerst eine Zeile, Spalte oder Diagonale hat, gewinnt.

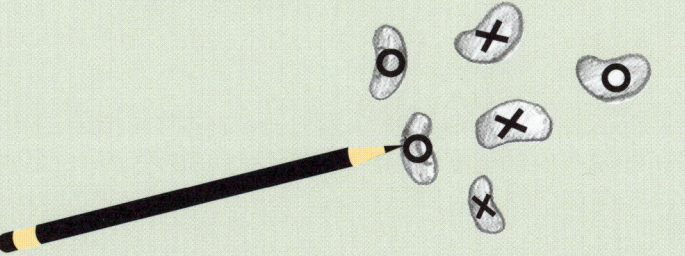

3 Wähle 6 große weiße Bohnen aus. Male ein Kreuz auf 3 Bohnen. Male einen Kreis auf die übrigen 3 Bohnen. Jetzt kannst du dir jemand suchen, der mit dir spielt.

HASENKÖTTEL

Willst du wissen, was Hasen essen? Um das herauszufinden kannst du Hasenköttel pflanzen, also Kacke vom Hasen. Du weißt schon, diese runden, braunen, trockenen Kügelchen, die man beim Spazierengehen im Wald finden kann.

DAS BRAUCHST DU:

- Hasenköttel
- Behälter aus Metall oder Plastik
- Nagel
- Hammer
- Erde
- Untersetzer für den Behälter

Im Winter wechseln manche Hasen ihre Farbe von braun zu weiß. Auch Polarfuchs und Hermelin legen sich einen schönen winterweißen Pelz zu. Dann können sie sich im Schnee besser verstecken.

SO GEHT'S:

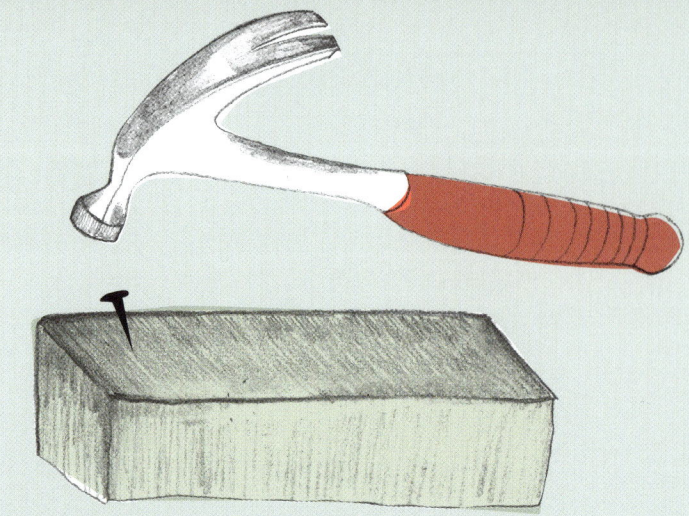

1 Geh mit einem Freund oder einer Freundin in den Wald und suche Hasenköttel. Du brauchst etwa 20 Stück.

2 Schlage mit Hammer und Nagel Löcher in den Behälter. Bitte dabei einen Erwachsenen um Hilfe. Durch die Löcher kann das Wasser ablaufen, wenn die Erde zu feucht geworden ist.

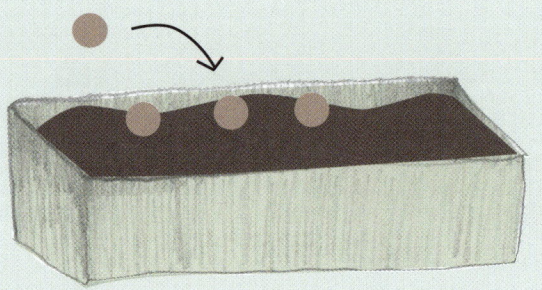

3 Füll den Behälter mit Erde. Drücke die Hasenköttel ein paar Zentimeter tief in die Erde. Lasse immer einige Zentimeter Abstand zwischen den einzelnen Kötteln.

4 Bedecke die Köttel vorsichtig mit einer dünnen Schicht Erde, stell den Behälter auf einen Untersetzer und wasch dir zum Schluss gründlich die Hände.

Wir haben jede Menge Hasenköttel von vielen unterschiedlichen Hasen gepflanzt und es wuchs wirklich alles Mögliche in unserem Beet! Was hat denn dein Hase gegessen?

5 Stell den Topf an ein helles Fenster. Alles Gepflanzte fühlt sich in der Sonnenwärme wohl. Es wächst dann einfach etwas schneller.

6 Vergiss nicht, regelmäßig zu gießen. Die Erde darf nicht austrocknen. Jetzt musst Du warten und kannst beobachten, was aus der Erde kommt.

Im Herbst, wenn die Geranie verblüht ist, kannst du sie hinter einer Gardine verstecken und musst sie nicht mehr so oft gießen. Wenn der Frühling zurück kommt, stellst du sie wieder an einen hellen Ort, gibst ihr neue Erde und mehr Wasser. Dann legt sie los und bildet wieder neue grüne Blätter!

GERANIEN & UNKRAUT

Hier kannst du lernen, wie du aus einer Geranienpflanze mehrere machen kannst. Neben der Geranie liegt ein Bündel Unkraut und wartet auf seine Aufgabe. Auf welche, wirst du gleich sehen!

DAS BRAUCHST DU:

Geranie

GERANIE:

Geranie
Schere
Topf
Erde
Untersetzer für den Topf

UNKRAUT:

Unkraut
Topf
Erde
Untersetzer für den Topf

Um eigene Anzuchttöpfe herzustellen, brauchst du Zeitungspapier. Du wickelst einen breiten Streifen um ein Glas, so dass er unten übersteht. Dann knickst du das überstehende Papier zu einem Boden um und füllst Erde hinein. Fertig!

Topf

Schere

Topf

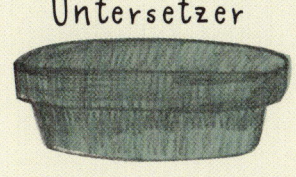
Untersetzer

Erde

Unkraut

SO GEHT'S: GERANIEN

1 Schneide einen Trieb von einer Geranie ab. Füll einen Topf mit Erde und stecke den Trieb 3-4 Zentimeter tief in die Erde. Drück die Erde fest, so dass der Trieb stabil steht.

2 Stell den Topf auf einen Untersetzer, gieß ihn und stell ihn an ein helles Fenster. Es ist wichtig, dass die Erde nicht austrocknet.

3 Nach einigen Wochen ist es an der Zeit, die Blume in einen größeren Topf mit mehr Erde umzupflanzen.

4 Wenn draußen kein Frost mehr herrscht und die Tage langsam wärmer werden, kannst du deine Geranie nach draußen stellen. Mit der Zeit wird sie weiße, rote oder rosa Blüten bilden!

SO GEHT'S: UNKRAUT

1 Halte auf dem Rasen Ausschau nach klitzekleinen Blättern, die aussehen wie auf dem Bild. Nimm sie vorsichtig mit der Hand hoch, so dass so viel wie möglich von ihren Wurzeln mitkommt.

2 Pflanze sie zusammen mit anderen Blumen oder auch ganz allein in einen Topf mit Erde. Gieße sie gründlich und stell den Topf mit einem Untersetzer an einen hellen Ort.

3 Dieses Unkraut heißt Gundermann und wächst wie verrückt. Außerdem hält es viel aus. Das mögen wir! So macht Gärtnern Spaß, und es ist einfach und billig.

Kennst du ein anderes Unkraut, das für etwas nützlich sein kann?

KNOBLAUCH & KÄSE

In unserem Kühlschrank lagen noch ein paar vergessene Knoblauchzehen, die schon kleine grüne Keime austrieben. Anstatt sie zum Kochen zu benutzen, haben wir sie in einen Topf gesteckt. Aus der Pflanze haben wir eine Art Frischkäse hergestellt. Köstlich!

DAS BRAUCHST DU:

KNOBLAUCH:

- Haushaltspapier
- Untertasse
- Knoblauchzehen
- Topf
- Erde
- Untersetzer für den Topf

KÄSE:

- 300 Gramm saure Sahne oder Joghurt
- Kaffeefilter und Filtertüte
- Schälchen
- Knoblauchblätter
- Schere
- Salz
- Pfeffer

Topf

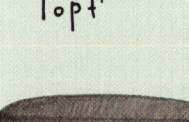
Knoblauchzehen

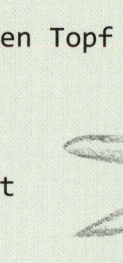
Salz

Pfeffer

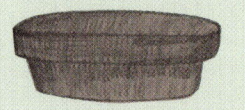
Untersetzer

Schere

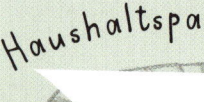
Haushaltspapier

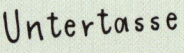
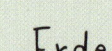
Untertasse

Saure Sahne

Knoblauchblätter

Erde

Schälchen

Filtertüte

Kaffeefilter

SO GEHT'S: KNOBLAUCH

1 Befeuchte ein wenig Haushaltspapier und lege es auf einen Unterteller. Lege einige Knoblauchzehen auf das Papier und stell den Unterteller an ein helles Fenster. Nach einigen Tagen werden die Zehen Wurzeln ausgebildet haben.

2 Nimm einen Topf und füll ihn mit Erde. Drücke die Knoblauchzehen etwa 2 Zentimeter tief hinein und bedecke sie vorsichtig mit Erde. Achte darauf, dass die Spitze der Zehen nach oben zeigt.

3 Stell den Topf auf einen Untersetzer und platziere ihn an einem hellen Fenster. Vergiss nicht, ihn zu gießen. Nach ungefähr einer Woche treiben die Zehen schmale grüne Blätter aus.

Am besten stützt du die Pflanzen mit Stöcken.

4 Wenn die Pflanzen 15 Zentimeter hoch sind, kannst du einige Blätter abschneiden. Du kannst sie dann hacken und über einen Salat streuen oder deinen eigenen Knoblauch-Frischkäse machen. Das ist supereinfach und köstlich mit Brot!

So geht's: Käse

1 Gib die saure Sahne in einen Kaffeefilter mit Filtertüte. Setze den Filter auf ein Schälchen, stell es in den Kühlschrank und warte einen Tag.

2 Kipp die Flüssigkeit, die sich im Schälchen gebildet hat, weg und gib die saure Sahne hinein, die jetzt zu einer festeren Masse geworden ist.

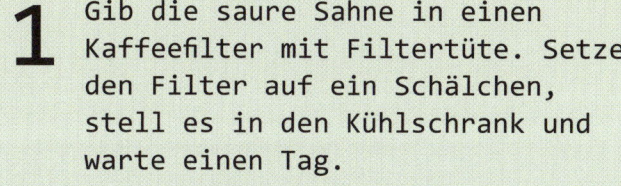

3 Nimm eine Schere und schneide Knoblauchblätter in die Schale. Scheide sie in klitzekleine Stückchen. Würze alles mit Salz und Pfeffer und rühr gut um.

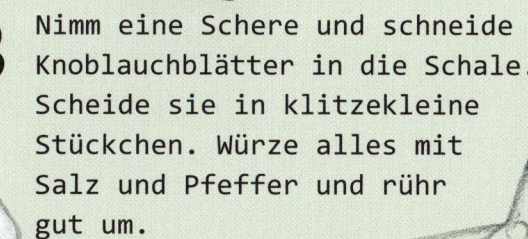

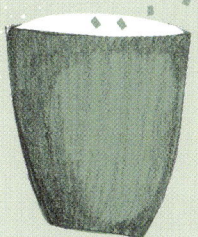

4 Jetzt ist dein Käse fertig und du kannst ihn auf ein Brot schmieren und kosten!

KARTOFFELN IM EIMER

Hast du eigentlich schon mal daran gedacht, dass du dein eigenes Essen anpflanzen kannst? Kartoffeln wachsen gut in einem Eimer auf dem Balkon. Wenn du sie im Frühling pflanzt, kannst du sie im Spätsommer essen. Lecker!
Die Kartoffeln wachsen, solange das Kraut grün ist.
Du kannst dir also selbst aussuchen, wie groß du deine Kartoffeln werden lassen willst.

DAS BRAUCHST DU:

- Hammer
- Nagel
- Eimer, der etwa 10 Liter fasst
- Kies oder kleine Steine
- Erde
- 3-5 Kartoffeln

Wie können deine Pflanzen überleben, wenn du verreist bist? Zuerst musst du den Topf gründlich wässern. Nimm dann eine leere Plastikflasche und mach ein kleines Loch in den Deckel. Füll die Flasche mit Wasser. Schraube den Deckel drauf und steck sie kopfüber in die Erde. Fertig!

SO GEHT'S:

1 Nimm Hammer und Nagel, um Löcher in den Boden des Eimers zu schlagen. Bitte dafür einen Erwachsenen um Hilfe. Die Löcher lassen das Wasser herauslaufen, wenn die Erde einmal zu nass geworden ist.

2 Lege zuerst Kies oder kleine Steine in den Eimer und füll ihn mit Erde. Pflanze dann die Kartoffeln. Sie sollten etwa 15 Zentimeter unter der Oberfläche sitzen.

3 Stell den Eimer nach draußen und gieße ihn, so dass die Erde richtig nass wird. Und jetzt musst du Geduld haben. Die Erde darf nicht austrocknen, überprüfe also jeden Tag, ob du gießen musst.

4 Nach einigen Wochen kommt das erste Kartoffelkraut aus der Erde. Stell den Eimer an einen hellen, sonnigen Ort.

5 Wenn der Stängel etwa 10 Zentimeter lang geworden ist, muss die Erde angehäufelt werden. Das bedeutet, dass man mehr Erde in die Mitte des Eimers gibt, so dass ein kleiner Erdhügel unten am Stängel entsteht.

Es ist wichtig, dass du den kleinen Hügel rund um den Stängel machst, sonst werden die Kartoffeln grün und giftig.

6 Nach etwa 2 Monaten sind die Kartoffeln erntereif. Geh vorsichtig mit der Hand in die Erde und fühle, ob du Kartoffeln findest.

TOMATEN & NAMENSTEINE

Seine eigenen Tomaten zu ziehen ist herrlich! Aber sie sind ziemlich durstig, vergiss also nie, sie zu gießen. Tomaten brauchen auch viel Licht. Darum ist es am besten, sie schon zeitig im Frühjahr auszusäen.

DAS BRAUCHST DU:

TOMATEN:

- Eierkarton
- Erde
- Tomatensamen
- Töpfe
- Stöcke
- Schnur
- Untersetzer für Eierkarton und Töpfe

NAMENSTEINE:

- Steine
- Hobbyfarben
- Pinsel
- Wasserfester Filzstift
- Hobbylack

SO GEHT'S: TOMATEN

1 Füll die Mulden im Eierkarton mit Erde. Stecke einen Tomatensamen in jede Mulde. Stell den Eierkarton auf einem Untersetzer an ein helles Fenster. Gieße oft.

2 Nach einer guten Woche hat das Wachstum der Samenkörner begonnen und grüne Keimlinge kommen aus der Erde. Stell jetzt den Karton an dein allersonnigstes Fenster und gieße oft. Die Erde darf nie ganz trocken werden.

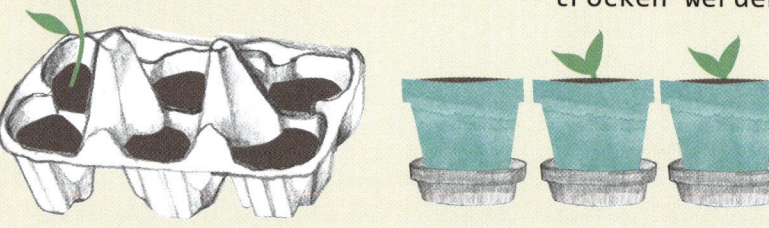

3 Wenn die Keimlinge ihr erstes Blätterpaar haben, muss jeder von ihnen in einen größeren Topf umgepflanzt werden. Stecke den Keimling so tief hinein, dass die Erde genau bis an das erste Blätterpaar reicht. Jetzt wollen die Pflänzchen sonnig und kühl stehen. Stell die Töpfe auf Untersetzer.

4 Stecke einen Stock in den Topf, um der Pflanze Halt zu geben, wenn sie größer wird. Binde ein Stück Schnur um Pflanze und Stock. Lass die Erde immer ein wenig antrocknen, bevor du wieder gießt.

5 Die Tomaten bilden ständig neue Seitentriebe. Die musst du abknipsen, denn das hilft der Pflanze, Tomaten zu produzieren. Bald werden die Pflanzen blühen und diese Blüten werden dann zu schönen roten Tomaten.

SO GEHT'S: NAMENSTEINE

1 Suche schöne glatte Steine in der Natur.

2 Male die Steine mit Hobbyfarbe an. Lass die Farbe 30 Minuten trocknen.

3 Schreibe die Namen der Pflanzen mit einem wasserfesten Filzstift auf die Steine.

4 Lackiere sie zum Schluss mit einer Schicht Klarlack. Lass den Lack richtig trocken werden, bevor du die Steine in den Töpfen platzierst.

Schwarze Johannisbeere

Ringelblume

Wegerich

Sauerampfer

Brennnesseln

Studentenblume

Hopfen

DIE SPEISEKAMMER DER NATUR

In der Natur gibt es viel Gutes, das man essen kann. Wir wollen dir ein paar Beispiele zeigen. Bitte immer einen Erwachsenen, nachzusehen, ob es wirklich eine essbare Pflanze ist, die du probieren willst!

Aus Nesseln kannst du Nesselsuppe machen.

Brennnesseln

Brennnesseln brennen, du musst sie also vorsichtig pflücken. Schütze deine Hände mit Gartenhandschuhen oder Plastiktüten.

Sauerampfer schmeckt gut im Salat oder auch einfach nur so. Wie der Name schon vermuten lässt, schmeckt er ziemlich sauer!

Aus einer einfachen Gemüsesuppe kannst du eine Delikatesse zaubern! Einfach eine Handvoll Brennnesseln und einen Schuss Sahne hinzugeben und pürieren.

Sauerampfer

Hopfen ist ein Klettergewächs, das gegen Ende des Sommers kleine hellgrüne Dolden ausbildet. Aus den Dolden kann man Tee machen. Du kannst auch Tee aus den Blättern der schwarzen Johannisbeere machen.

Trockne zunächst die Hopfendolden und die Blätter der schwarzen Johannisbeere. Das machst du, indem du die Blätter und Dolden auf einem Stück Papier ausbreitest. Nach einer guten Woche sind sie so trocken, dass man Tee aus ihnen machen kann.

Nimm drei getrocknete Hopfendolden oder einige Blätter der schwarzen Johannisbeere und gib sie in eine Tasse. Bitte einen Erwachsenen um Hilfe beim Wasserkochen und gieße dann kochendes Wasser in die Tasse. Lass es 10 Minuten lang ziehen. Nimm dann die Dolden oder die Blätter mit einem Löffel heraus. Koste vorsichtig, damit du dich nicht verbrennst. Welcher Tee schmeckt dir am besten?

Breitwegerich ist ein Unkraut, das oft auf Rasenflächen wächst. Früher wurde es als Pflaster verwendet, da viele glaubten, die Blätter hätten eine wundheilende Wirkung.

Studentenblume und Ringelblume sind zwei häufig vorkommende Blumen in unseren Sommerbeeten.

Die Blütenblätter der Ringelblume kann man essen. Zupfe sie ab und streu sie über einen Salat, dann wird er schön bunt. Du kannst sie auch einfach direkt essen. Wie findest du den Geschmack?

Willst du mal auf Harz herumkauen? Dann such nach Kiefernharz, das schon hart geworden ist. Brich ein Stück ab und kau es vorsichtig. Zuerst ist es hart und krümelig. Nach einer Weile wird das Harz weich wie ein Kaugummi.